未来を広げる

生成AI

1 生成AIってなに？

監修：坂本良晶

汐文社

この本の使い方

マンガでわかる!

生成AIのどんな特徴が社会を変えていくのかを、実際のニュースをもとにマンガで紹介します。

ニュースがわかる!

マンガのもとになった生成AIについてのニュースを解説。すべて実際に起きたことです。

news

市長のあいさつ文をつくる「AI市長秘書官」が誕生!

2024年、福岡県北九州市では、生成AIが市長のあいさつ文をつくる「AI市長秘書官」という取り組みを始めました。市長の話し方や市の政策を生成AIに覚えさせて、あいさつ文をつくるのです。試しに「北九州マラソン」のあいさつ文をつくらせたところ、たった1分で完成しました。今まで職員が数時間かけてつくっていた文章を、生成AIの導入であっという間につくれるようになったのです。

また2024年から兵庫県神戸市では生成AIを使うときのルールをつくり、日々の仕事に活用しはじめています。古い建物をどの順番で直すか決めるのに生成AIを使ったところ、人が30分以上かかる仕事が数秒で終わりました。

生成AIの技術は、農業にも役立ちます。例えば、お米づくり。キヤノンは、田んぼにカメラを置くことでお米の様子を見守ってくれる「GM-1」という技術を生み出しました。葉っぱの元気がないときは「水が足りない」と教えてくれたり、葉っぱの色が薄いときは「栄養が必要」と知らせてくれたりします。人手不足の農家にとって、生成AIは大きな助けになりそうです。

生成AIはすでにたくさんのところで、さまざまな仕事のサポートのために、使われているのです。

考えてみよう!

生成AIがあるとどうして仕事がはかどるの?

1 作業が自動化できる

生成AIは、一度指示を出せば、自動でどんどん作業してくれます。メールを仕分けたり、長い文章の内容をまとめたりする作業を、同じ仕事なら指示をしなくても勝手に進めます。仕事を教えたり、見守ったりする手間がかかりません。

2 ミスを減らせる

人はつかれたり気が散ったりすることで、ミスをしてしまうことがあります。生成AIならば同じ作業を何度でも正確にくり返せます。例えば、大量の書類からデータ入力や複雑な計算をするときも、AIなら何回でもまちがいなく行えます。

3 少ない人数でできる

生成AIがあれば、少ない人数でもたくさんの仕事ができます。飲食店で大勢のお客さんの注文を一度に受けたり、日本語をほかの国の言語に同時に訳したりできます。働く人が不足している職場でも、生成AIが足りない分を埋めてくれます。

4 仕事の質が保てる

人が身に付けた技術を生成AIに教えれば、いつでも同じような質で仕事をすることができます。人の能力にたよりきりにならないので、もし仕事の担当者が変わっても、仕事の質は変わりません。会社全体でより良いサービスを提供し続けられます。

各回でとりあげた生成AIの特徴を4つのポイントに分けて解説していきます。ここで理解を深めましょう。

生成AIを使ってみよう

Canvaというサービスを利用して、学校の授業の中で、生成AIを使ってみましょう。実際に授業で行われた例を紹介しています。

Canvaで生成AIを使ってみよう！

学校でも大人気のデザインツール

みなさんはスマートフォンやタブレット、パソコンなどで利用できる、Canvaというツールを知っていますか？ Canvaはデザインをするためのツールです。最近では学校などのさまざまな場面で使われるようになり、現在日本で130万人以上の子どもや先生たちが授業などで使っています。プレゼンスライドやレポート、動画などで1億以上もの素材を使って表現することができます。

例えば社会科で金閣寺のレポートをつくり、絵や写真をのせるとします。これまでだとがんばって自分で撮るか、もしくはインターネットの画像を使ってつくるしかありませんでした。でもCanvaなら「金閣寺」と検索するとたくさんの写真やイラストがすぐに見つかります。よりかんたんに、より速く、より良いものがつくれるのがCanvaの魅力なのです。

※Canva（https://www.canva.com/）を利用する際は登録が必要です。大人といっしょにログインしてください。

画像生成AIも使える！

実はCanvaでは画像生成AIを使うことができます。北野武さんと劇団ひとりさんが出演しているCanvaのCMを見たことがある人もいるのではないでしょうか。北野武さんは「犬のスイミングスクール」というアイデアを思いつき、そのプレゼン資料を画像生成AIを使って作成しています。

例えば、「犬のスイミングスクール」と入力します。すると一瞬で画像が完成……でも犬が泳いでいるだけにしか見えません。そこでプロンプト（指示）を修正し、「水泳帽や水着や浮き輪をつけて」と指示して再度生成。その結果、イメージ通りの犬のスイミングスクールっぽい画像が生成されました。このように、Canvaならこの世に存在しない画像もかんたんに生成することができるのです。

26

どうやってプロンプト（指示）を出す？

1 「犬のスイミングスクール」とプロンプトを入力して画像を生成。

2 犬が泳いでいるだけだったので「水泳帽や水着や浮き輪をつけて」とプロンプトを修正。

3 見事、イメージ通りの「犬のスイミングスクール」の画像の完成！

27

もくじ

生成AIってなんだろう？

1 AI（人工知能）とは？

AIとは、人間の頭脳のように働くコンピューターのことです。人間が教えたことを覚えて、問題を解いたり、仕事をしたりします。例えば、写真の中にネコがいるかどうかを見分けたり、天気を予報したりすることを自動で行います。スマートフォンの音声アシスタントもAIの一種です。AIはあたえられた目的を果たしながら、私たちの生活をより便利にしています。ただ、人間のように自由に考えられるわけではありません。

2 生成AI（ジェネレーティブAIとは？）

生成AIとは、新しいものをつくり出せるAIのことです。たくさんの情報を自分で学び、学んだことを活かして、新しいものをつくり出します。この技術を「ディープラーニング」といいます。例えば「イヌとネコが友だちになる絵を描いて」と指示を出すと、学習した多くのイヌとネコの特徴や、「友情」の表現方法を組み合わせて、オリジナルの絵を描くことができます。人間の想像力と生成AIとを組み合わせることで、今までにないものが生まれてくるのです。

3 AIと生成AIのちがい

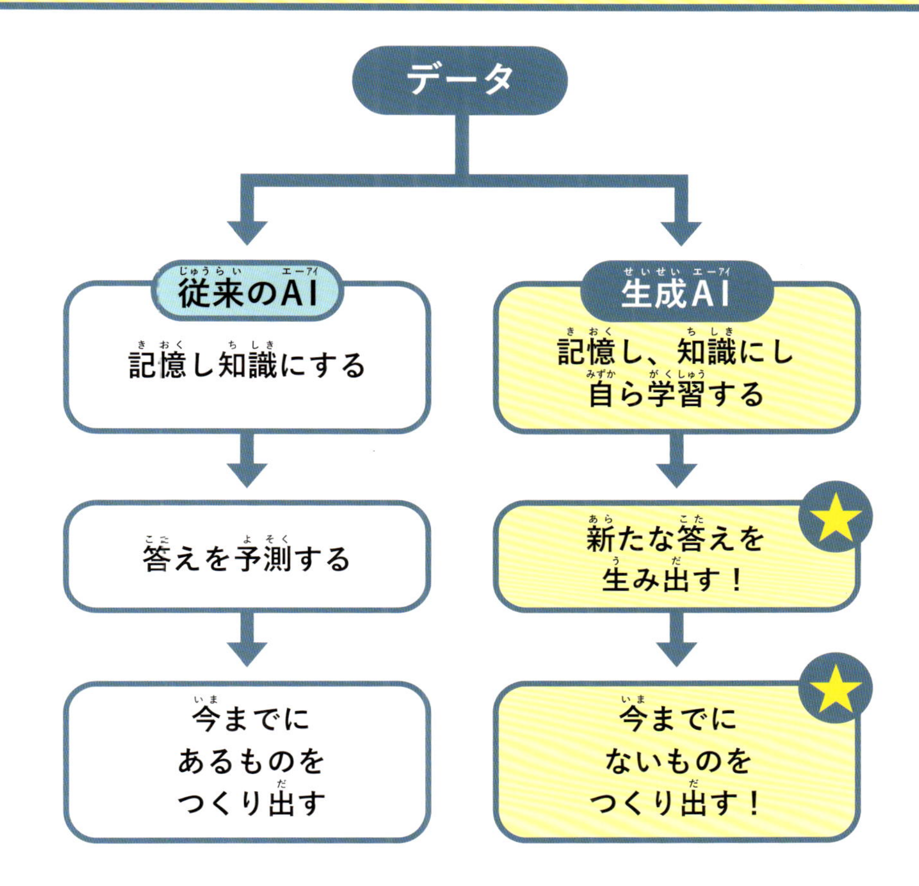

AIと生成AIの大きなちがいは、データの学習の仕方です。AIはデータを記憶し、答えを予測します。例えばイヌの写真を見て「これはイヌです」と答えることができます。いっぽう、生成AIは記憶するだけでなく、自分で学習して新しい答えを生み出します。「宇宙遊泳をするイヌを描いて」と指示を出すと、実際にはだれも見たことがないイヌの絵を描くこともできるのです。生成AIは、今も進化の途中。これからもっと便利になっていくでしょう。

01 仕事がはかどる!

カァ
カァ
とある市役所……
市役所
市長!
このままでは市役所はパンクしてしまいます!
職員は仕事に追われて……
ドタバタ
プルルルル
といってもこれ以上人は増やせないし……
う〜ん
生成AI
だったら……生成AIを導入してください!
生成AI?
こちらをごらんください!
AI
ぞろぞろ…
ぞろぞろ…
まずいろいろな情報をあたえて生成AIに学習させます
勉強中…
AI
文章を考えて
わかりました!
AI
スケジュールを調整して
わかりました!
ポンッ
すると生成AIは自分で考えて自分で答えを導きだします!
なるほど……よし!
おっ
ホラ!
生成AIを導入してみよう!
ビシィ
パチパチ

生成AIを導入すると「仕事がはかどる」といわれています。はたして、生成AIは私たちの仕事をどうやってはかどらせるのでしょうか？

news

市長のあいさつ文をつくる「AI市長秘書官」が誕生！

2024年、福岡県北九州市では、生成AIが市長のあいさつ文をつくる「AI市長秘書官」という取り組みを始めました。市長の話し方や市の政策を生成AIに覚えさせて、あいさつ文をつくるのです。試しに「北九州マラソン」のあいさつ文をつくらせたところ、たった1分で完成しました。今まで職員が数時間かけてつくっていた文章を、生成AIの導入であっという間につくれるようになったのです。

また2024年から兵庫県神戸市では生成AIを使うときのルールをつくり、日々の仕事に活用しはじめています。古い建物をどの順番で直すか決めるのに生成AIを使ったところ、人が30分以上かかる仕事が数秒で終わりました。

生成AIの技術は、農業にも役立ちます。例えば、お米づくり。キヤノンは、田んぼにカメラを置くことでお米の様子を見守ってくれる「GM-1」という技術を生み出しました。葉っぱの元気がないときは「水が足りない」と教えてくれたり、葉っぱの色が薄いときは「栄養が必要」と知らせてくれたりします。人手不足の農家にとって、生成AIは大きな助けになりそうです。

生成AIはすでにたくさんのところで、さまざまな仕事のサポートのために、使われているのです。

考えてみよう!

生成AIがあるとどうして仕事がはかどるの?

1 作業が自動化できる

生成AIは、一度指示を出せば、自動でどんどん作業してくれます。メールを仕分けたり、長い文章の内容をまとめたりする作業を、同じ仕事なら指示をしなくても勝手に進めます。仕事を教えたり、見守ったりする手間がかかりません。

2 ミスを減らせる

人はつかれたり気が散ったりすることで、ミスをしてしまうことがあります。生成AIならば同じ作業を何度でも正確にくり返せます。例えば、大量の書類からデータ入力や複雑な計算をするときも、AIなら何回でもまちがいなく行えます。

3 少ない人数でできる

生成AIがあれば、少ない人数でもたくさんの仕事ができます。飲食店で大勢のお客さんの注文を一度に受けたり、日本語をほかの国の言語に同時に訳したりできます。働く人が不足している職場でも、生成AIが足りない分を埋めてくれます。

4 仕事の質が保てる

人が身に付けた技術を生成AIに教えれば、いつでも同じような質で仕事をすることができます。人の能力にたよりきりにならないので、もし仕事の担当者が変わっても、仕事の質は変わりません。会社全体でより良いサービスを提供し続けられます。

02 シミュレーションをする！

生成AIは、さまざまなことをシミュレーション（試したり、テストしたりすること）できます。それが仕事や暮らしにどう役立つのか見てみましょう。

\\ news //

家具を買う前に、家に置いたときの様子が見られる

イケア・ジャパンという家具チェーンが、2024年に新しいアプリ「IKEA Kreativ」をつくりました。生成AIを利用して、画像データで読みこんだ自分の部屋に、イケアの家具を置くとどうなるのかシミュレーションできるのです。

お客さんは、アプリの中で好きな家具を選んで、家具の色や大きさを変えたり、場所を動かしたりしながら「この家具を買ったらどんな部屋になるのかな」とイメージしていきます。また、今、家にある家具を画面から消して、新しい家具を置くこともできるのです。さまざまな部屋の見本も用意されているので、理想の部屋をつくることもできます。

このアプリは、撮影された写真を生成AIがデータとして学習し、用意されている家具のデータとの画像合成を瞬時に行います。だから、新しい家具を置いたシミュレーションができるのです。家具選びの失敗を減らし、より自分に合った買い物ができるようになります。

シミュレーションは、「もしも」を体験することです。現実では試せないことや危険なことも、安全に検証できます。生成AIを使ったシミュレーションの技術は、これからもっと私たちの暮らしの中や、さまざまなサービスに使われていくでしょう。

考えてみよう！

生成AIでシミュレーションするとどんな良いことがあるの？

1 未来を予測できる

生成AIは、たくさんのデータを使って未来を予測できます。次に流行するファッションから5年後に人気の職業まで、さまざまな予測をしてくれるのです。これから起こることに備えられるので、みんなの生活がもっと便利になるでしょう。

2 未来を映像で見られる

生成AIは言葉で説明されたことを映像にできます。頭の中にあるアイデアを言葉にして指示を出せば、イラストや動画にしてくれます。存在しない風景もリアルな映像にできるので、企画を考えるときや商品をつくるときなどにシミュレーションできるのです。

3 判断のための材料が増える

シミュレーションすることで、いろいろな可能性を考えられます。例えば新しい公園をつくるとき、どんな遊具を置くか、木をどこに植えるかなどをかんたんに試せます。それぞれの長所や短所も分析してくれるので、より良い判断ができます。

4 短い時間で判断できる

生成AIは人よりはるかに速く考えられるため、判断も速いです。複雑な問題も数秒で解決するので、人の作業を効率化できます。交通渋滞をさけた最短ルートを提案したり、災害時にあっという間に被害状況を分析したりしてくれます。

03 生成AIは学習する！

生成AIの大きな特徴は、自分で学習ができることです。人間が細かく指示を出さずに、どうやって生成AIは自ら学習していくのでしょうか？

news

高専生がディープラーニングを活用して「AI枕」を開発!

東京で行われた「全国高等専門学校ディープラーニングコンテスト」で、大分工業高等専門学校の学生たちがつくった「FAIP」という生成AI枕が3位に入りました。このコンテストは、生成AIを使ったものづくりの力を競う大会です。

大分工業高等専門学校の4年生4人は、半年かけてこの枕を開発しました。FAIPは寝ている人の頭の位置や重さを感じ取り、よく眠れる高さに自動で調整してくれる枕です。枕の中には6つの空気袋があり、生成AIがそれぞれの空気の量を増やしたり減らしたりして寝る人にぴったりの高さにしてくれます。

FAIPのすごいところは、使えば使うほどかしこくなることです。寝ている人の好みを学習し、快適な眠りをサポートしてくれます。開発のときには、クラスメイトに実際に試してもらい、その結果を生成AIに学習させたそうです。

将来的には、いびきをかく人にも役立つ枕を目指して研究しています。いびきの音を聞き分けて、首の角度を変えていびきを軽くする方法を考えているとのことです。

FAIPのように、生成AIの学習する力を利用すれば、新しい商品を開発するときの大きな力になります。これからの仕事の仕方に、大きな影響があるでしょう。

考えてみよう!

生成AIはどうやって学習するの?

1 従来のAIの学習は先生が必要

従来のAIは人が設計したプログラムに従って学習します。画像認識AIなら人が「これはネコの写真」「これはイヌの写真」と教えながら、たくさんの画像を見せます。AIはこの「正解」をもとに、ネコとイヌの特徴を少しずつ理解していきます。

2 生成AIは自分で学習する

生成AIは先生がいなくても自ら学習します。果物の写真をたくさん見せると、「丸くて赤いのはリンゴ」「細長くて黄色いのはバナナ」と自分でルールを見つけることができます。すると、新しい果物を見ても、形や色からどんな果物か考えることができるのです。

3 失敗や成功をくり返す

生成AIは、くり返し練習することで能力が上がっていきます。お絵描きAIは絵を描くたびに「この線はきれい」「この色はちがう」と反省し、次はもっとじょうずに描こうとします。何度も挑戦するうちに、どんどんじょうずな絵が描けるようになります。

4 どんどん学習が進む

自ら学習をすることで能力の上がった生成AIは情報を分析して、すぐに答えを出します。例えば過去の対戦データを学習した将棋用の生成AIは一瞬で次の一手を決めます。そして世の中の将棋の対局をどんどん学習して、さらに精度の高い判断ができるようになるのです。

04 新しい価値をつくる！

生成AIをうまく使いこなすと、今までの常識では考えられなかったものを生み出すことができます。どうやって、新しい価値をつくり出すのでしょうか？

\\ news //

岡山の弁当店、生成AIでつくったレシピで商品開発！

岡山市の弁当店「たいき堂」が、生成AIを使った新しいお弁当をつくりました。お店の人は生成AIのChatGPTに「パクチーを使ったハンバーグのレシピを考えて」とお願いしました。生成AIが考えたレシピをもとに、人の料理の腕と地元の食材を活かして、今までにない味の弁当を完成させたのです。地元の味と最新技術が出会って生まれた「黄ニラ岡パク弁当」には、岡山の特産品である黄ニラとパクチーがたっぷり使われています。パクチー入りのタルタルソースをかけたチキン南蛮、パクチーをまぜこんだハンバーグ「岡パクバーグ」、黄ニラの炊きこみご飯などが入っています。

店長は「AIを使ったら、新商品開発の時間がとても短くなりました。これからはスタッフのアイデアとAIの力を組み合わせて、もっと新しい商品を生み出していきたいです」と話しています。

生成AIは人を助け、新しい価値を生み出すパートナーになれるのです。人とAIが協力することで、料理だけでなくさまざまな分野で今までにないおもしろいアイデアや商品が生まれるかもしれません。

企業の新しい商品の開発には、生成AIが欠かせないようになるのでしょうか。

考えてみよう！

生成AIはどうやって新しい価値を生み出す？

1 情報を学習する

生成AIは、たくさんの情報をすばやく調べることができます。例えば、世界中の料理について調べて、その味や、作り方、食べ方などを学習していきます。たくさんの情報を学習することが、新しい発見のもとになっていきます。

2 新たな発見をする

生成AIは、ちがう分野の知識をつなげて、おどろくような発見をすることがあります。例えば、病気のデータと天気のデータをいっしょに調べて、「この天気のときはこの病気になりやすい」といった新しい関係を見つけるかもしれません。

3 アイデアを考える

生成AIに、例えば「〇〇を使った新しいおもちゃのアイデアを100個考えて」とたのむと、たくさんのおもしろいアイデアを教えてくれます。たくさんのデータの分析と、人間には思いつかない発見が、生成AIならではの新しいアイデアを生み出していきます。

4 シミュレーションする

新しいアイデアや商品が人気になるかどうかをシミュレーションできます。昔のデータや今の流行、そして未来の予測を使って、いろいろなパターンをすばやく分析します。これで、新しい商品を安心してつくることができるでしょう。

05 社会を変える！

ボランティア会場
受付
障害者支援ボランティアに参加する大学生マサルは考えていました
障害者の社会進出をはばむ社会のバリアを、どうにか取り除けないかなぁ……
う〜ん
放置された自転車にぶつかってしまう目の不自由な人や
ドカッ
病気で声が出せなくなった人が感じる社会のバリアを無くしたい！
声が出ない〜
IT企業につとめるあの先輩なら力になってくれるかも！
せんぱい〜
助けてください！
それなら生成AIを使った新しい技術があるわよ!!
障害者の助けになっているツールがあるみたい！作っている会社を紹介するから連絡してみて！
すぐ連絡してきます！
くる
その後、マサルは会社に連絡して……
はじめまして！

生成AIは、社会の中にある、さまざまなバリアをこえることに役立つといわれています。どのように生成AIを利用すれば、社会を変えられるでしょうか？

news

社会を変える！障害者を支える生成AI

生成AIの進歩により、障害のある人々の生活が大きく変わろうとしています。

目が不自由な人は、生成AIを使った視覚障害者歩行支援アプリ「EyeNavi」で安全に出かけられるようになりました。スマートフォンのカメラがまわりを見て、「前に自転車があるよ」「信号が青になったよ」と教えてくれるのです。利用者は「散歩ができるようになってうれしい」と話しています。このアプリは、たくさんの写真から学習します。信号機や自転車、点字ブロックの写真をたくさん見ることで、実際の道路で見分けられるようになるのです。

がんなどで以前のように声が出せなくなった人は、自分の「声」を再現する生成AI「CoeFont」を使っています。手術の前に自分の声をアプリに録音して、生成AIに覚えさせるのです。するとアプリに文字を入力すれば、昔の自分の声で音声が出ます。利用者は「声を失ったら、家族ともあまり話せなくなるかもしれないと心配でした。このアプリのおかげで、今も自分らしく話せて本当にうれしいです」と話しています。

生成AIは障害のある人たちの生活を今より楽しく、自由なものにしてくれます。外に出かけたり、おしゃべりしたり、いろいろなことにチャレンジできるようになるのです。

考えてみよう!

生成AIは障害を乗りこえるどんな支えになるの?

1 目の代わりになる

生成AIは目の見えない人の案内役になります。スマートフォンを持って歩くと、「右に曲がってね」「階段があるよ」と教えてくれます。お店の看板も生成AIが読み上げてくれるので、目が不自由でもひとりで買い物もできるようになります。

2 声の代わりになる

声が出せない人のために、声を覚えた生成AIが代わりにしゃべってくれます。入力した文字を指定した声で出力してくれるので、家族や友だちとおしゃべりを楽しめます。自分らしい声だと、気持ちも伝わりやすくなりますね。

3 コミュニケーションの助けに

生成AIで言葉の壁をこえられます。難しい話をかんたんに説明したり、外国語を同時翻訳したりしてくれます。手話を音声に変えてくれる生成AIも登場しています。あらゆる壁をこえ、だれもが楽しくおしゃべりできることでコミュニケーションの輪が広がるでしょう。

4 社会参加の実現を助ける

障害というのは、体や心にあるものではありません。社会にあって、ハンデキャップがある人の社会参加をはばんでいます。生成AIが、人間の視覚やコミュニケーションをおぎなうことで、社会にある障害を乗りこえ、社会参加を実現していくのです。

Canvaで生成AIを使ってみよう！

学校でも大人気のデザインツール

みなさんはスマートフォンやタブレット、パソコンなどで利用できる、Canvaというツールを知っていますか？　Canvaはデザインをするためのツールです。最近では学校などのさまざまな場面で使われるようになり、現在日本で130万人以上の子どもや先生たちが授業などで使っています。プレゼンスライドやレポート、動画などで1億以上もの素材を使って表現することができます。

例えば社会科で金閣寺のレポートをつくり、絵や写真をのせるとします。これまでだとがんばって自分で撮るか、もしくはインターネットの画像を使ってつくるしかありませんでした。でもCanvaなら「金閣寺」と検索するとたくさんの写真やイラストがすぐに見つかります。よりかんたんに、より速く、より良いものがつくれるのがCanvaの魅力なのです。

※Canva（https://www.canva.com/）を利用する際は登録が必要です。大人といっしょにログインしてください。

画像生成AIも使える！

実はCanvaでは画像生成AIを使うことができます。北野武さんと劇団ひとりさんが出演しているCanvaのCMを見たことがある人もいるのではないでしょうか。北野武さんは「犬のスイミングスクール」というアイデアを思いつき、そのプレゼン資料を画像生成AIを使って作成しています。

例えば、「犬のスイミングスクール」と入力します。すると一瞬で画像が完成……でも犬が泳いでいるだけにしか見えません。そこでプロンプト（指示）を修正し、「水泳帽や水着や浮き輪をつけて」と指示して再度生成。その結果、イメージ通りの犬のスイミングスクールっぽい画像が生成されました。このように、Canvaならこの世に存在しない画像もかんたんに生成することができるのです。

どうやってプロンプト（指示）を出す？

1

「犬のスイミングスクール」とプロンプトを入力して画像を生成。

2

犬が泳いでいるだけだったので「水泳帽や水着や浮き輪をつけて」とプロンプトを修正。

3

見事、イメージ通りの「犬のスイミングスクール」の画像の完成！

実際に生成AIを使った例を見てみよう

小学校3年生の国語の教科書「たから島のぼうけん」

小学校３年生の国語の教科書（光村図書）にある「たから島のぼうけん」。ここで、１枚の「たから島の地図」をもとに、想像をふくらませて、オリジナルの物語をつくる学習をします。自分でつくった物語にぴったり合うようなさし絵を、Canvaの画像生成機能を使って、つくってみましょう！

※このページで紹介しているのは、ひとりの子どもがつくった絵ではありません。何人かの子どもの絵をまじえて紹介しています。また同じプロンプトを出しても同じ絵が生成されるとは限りません。

1 どうやってつくるの？

1. Canvaの「ドリームラボ」のページにアクセス。
2. ウィンドウにプロンプトを書く。
3. ドリームラボが絵を生成する。
4. 画像を保存する。

2 プロンプトのポイント

人によって、物語の登場人物や場所などがちがう。そのため、できる限りストーリーが想像できるように生成AIに具体的にプロンプトを出すことが必要。

【例】
トラが橋から海へ落ちる、トラの表情はこわがっている。

※ドリームラボを利用する際は大人といっしょにCanvaにアクセスしてください。

子どもたちがCanvaでつくったさし絵

「プロンプト」主人公のふたりが冒険に出かける前に、砂場で遊んでいる。

「プロンプト」家に帰ろうと思っていたとき、ふと見つけた大きな木。なぞの扉を発見する。

「プロンプト」冒険に出かけると、タカが出現。そのタカをパチンコで倒そうとしている。

「プロンプト」海の近くを歩いていると、急に空がくもり始めた。すると、海から巨大タコが出現！

「プロンプト」主人公の父が、兄弟げんかがいつまでたっても止まらないことに頭を抱える。

「プロンプト」冒険のじゃまをするトラを橋から落とす。橋から落ちるトラの表情はこわがっている。

「プロンプト」冒険の扉を開けて入ってみると、森の奥深くへとたどり着いた。

「プロンプト」ようやく宝箱を発見。しかし、宝箱の中身は、ただの石の集まりだった。

協力：柴田大翔先生

さくいん

あ行(ぎょう)

か行(ぎょう)

さ行(ぎょう)

た行（ぎょう）

は行（ぎょう）

ま行（ぎょう）

や行（ぎょう）

ら行（ぎょう）

監修
坂本良晶

1983年生まれ。京都府で13年間小学校の教員を勤めたのち、2024年からCanva Japanに入社、Canva Education Senior Managerの立場で日本の自治体へのCanva教育版（自治体向け）の導入や研修を主な業務としている。教員時代には『さる先生の「全部やろうはバカやろう」』『授業・校務が超速に！ さる先生のCanvaの教科書』等10冊の本を出版、いずれもベストセラーに。また文部科学省学校DX戦略アドバイザーとして多数の学校の支援もしている。また、Voicyパーソナリティとして、または運営するコミュニティEDUBASEなどでも多くの教師に支持されている。そして小五と小二の2児の父でもある。

執筆：猪狩はな
装丁・本文デザイン：内海 由
イラスト：梅雨
編集：303BOOKS
企画・編集担当：門脇 大

未来を広げる　生成AI
①生成AIってなに？

監修：坂本良晶
編集：303BOOKS
2025年2月　初版第1刷発行

発行者　三谷 光
発行所　株式会社汐文社
〒102-0071　東京都千代田区富士見1-6-1
TEL：03（6862）5200　FAX：03（6862）5202
https://www.choubunsha.com
印　刷　新星社西川印刷株式会社
製　本　東京美術紙工協業組合

ISBN978-4-8113-3212-3